Lucrèce Borgia

Victor Hugo

Analyse de l'œuvre

Par Lucile Lhoste

Lucrèce Borgia

Victor Hugo

Rendez-vous sur lepetitlitteraire.fr et découvrez :

Plus de 1200 analyses
Claires et synthétiques
Téléchargeables en 30 secondes
À imprimer chez soi

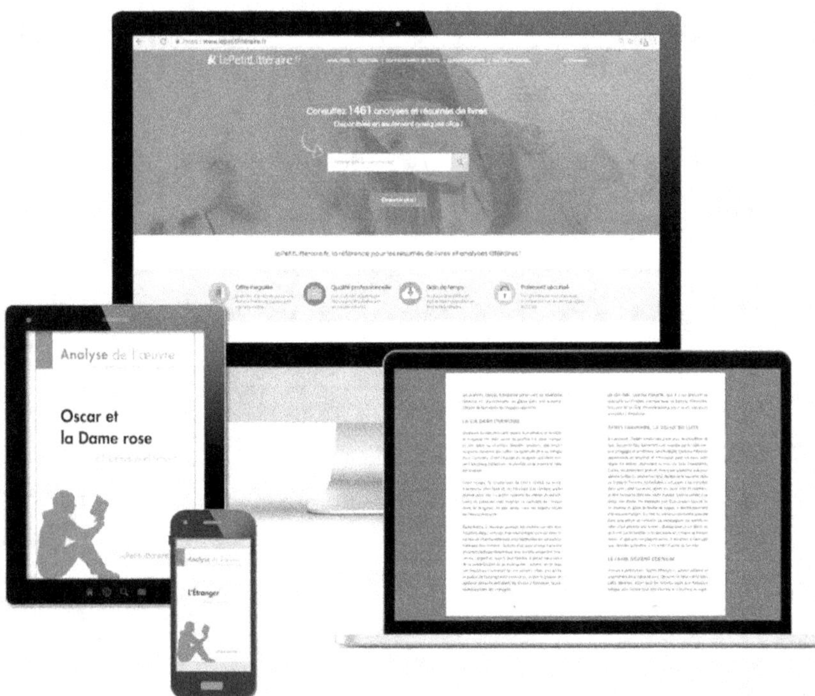

LUCRÈCE BORGIA

UNE TRAGÉDIE FAMILIALE TEINTÉE DE GROTESQUE

- **Genre :** drame romantique
- **Édition de référence** : *Lucrèce Borgia*, Paris, Éditions Magnard, coll. « Classique et Patrimoine », 2016, 160 p.
- **1ère édition :** 1833
- **Thématiques :** Borgia, tragédie, complots, secret inavouable, amour maternel

La pièce *Lucrèce Borgia* est l'une des nombreuses productions théâtrales de Victor Hugo. Représentée pour la première fois le 2 février 1833 au théâtre de la Porte-Saint-Martin, elle est considérée par l'auteur lui-même comme une version jumelle du *Roi s'amuse* (1832). Dans une volonté d'écrire sur une figure récente de l'Histoire, Hugo s'oriente vers la famille Borgia et en particulier Lucrèce (1480-1519), fille du pape Alexandre VI (1431-1503). La famille Borgia souffrait d'une mauvaise réputation teintée de rumeurs d'empoisonnements et d'inceste, que la pièce va contribuer à exposer au plus grand nombre. *Lucrèce Borgia* connaît en effet un solide succès, au point d'être déjà adaptée en opéra la même année, et va populariser cette image funeste.

Dans la pièce de théâtre, Lucrèce se rend à Venise pour observer de loin son fils Gennaro, qui ignore leur filiation. Mais le mari de Lucrèce, Alphonse d'Este, découvre alors sa femme agissant tendrement envers le jeune homme endormi et en conclut qu'ils sont amants. Plus tard, Gennaro et ses amis viennent à Ferrare et Gennaro, ayant appris qui était Lucrèce, mutile le nom Borgia sur sa demeure. Le duc d'Este le fait capturer et Lucrèce, d'abord ignorante de l'identité du coupable, exige qu'il soit tué. Alphonse oblige son épouse à empoisonner son fils mais celle-ci convainc Gennaro de boire un contrepoison. Elle empoisonne toutefois plus tard les autres jeunes hommes, ne sachant pas que Gennaro les a rejoints. Elle tente à nouveau de le sauver, mais ce dernier refuse et tue Lucrèce, qui lui avoue être sa mère dans son dernier souffle.

VICTOR HUGO

HOMME DE LETTRES FRANÇAIS

- **Né en 1802 à Besançon (France)**
- **Décédé en 1885 à Paris**
- **Quelques-unes de ses œuvres :**
  - *Hernani* (1830), théâtre
  - *Les Contemplations* (1856), recueil de poèmes
  - *Les Misérables* (1862), roman

Victor Hugo est un homme de lettres aux multiples facultés et un homme politique du XIXe siècle. Véritable figure du paysage littéraire français, il a officié tant dans le roman que dans le théâtre, la poésie, l'opéra, le dessin, ou encore la photographie. Nombreuses sont ses œuvres passées à la postérité et restées à ce jour des références de leur genre. Son engagement politique, qui se manifeste toute sa vie, transparait à travers ses productions, du plaidoyer contre la peine de mort dans *Le dernier jour d'un condamné* (1829) à la lutte contre la misère dans *Les Misérables*. Son art a plu dès son vivant, tout en diffusant les idées de l'auteur. Après sa mort le 22 mai 1885, c'est un cortège de plusieurs kilomètres qui suit le transfert de son cercueil au Panthéon après des obsèques nationales.

Hugo a été toute sa vie un auteur extrêmement prolifique. Seule la mort de sa fille Léopoldine en 1843 l'affectera si profondément qu'elle lui ôtera l'envie d'écrire pour plusieurs années. Le drame lui inspire plusieurs œuvres dont le poème *Demain dès l'aube*. Son engagement politique lui attire par ailleurs des ennemis et le contraint à l'exil, d'abord à Bruxelles, puis à Jersey et Guernesey. Cette période perdure entre 1851 et 1870, date de la proclamation de la IIIe République. Maire en 1848, Hugo est élu à l'Assemblée législative l'année suivante. Après son retour d'exil, il intègrera l'Assemblée nationale. Des ennuis de santé le contraignent à s'arrêter à la fin des années 1870 mais ses écrits reparaissent régulièrement, contribuant à la légende de l'auteur qui aura écrit jusqu'à sa mort.

RÉSUMÉ

LA MALÉDICTION D'UNE MATERNITÉ INAVOUABLE

Duchesse de Ferrare par son mariage, Lucrèce Borgia porte en elle un secret honteux : le jeune capitaine Gennaro, combattant honnête et brave, est le fils incestueux de son frère et d'elle-même. Elle sait qu'elle ne peut l'approcher, mais la tentation est trop forte : profitant du carnaval de Venise pour se masquer, elle observe le jeune homme et ses amis. Profitant ensuite qu'il soit seul et endormi, Lucrèce se risque à approcher son fils, mais ce dernier se réveille en sentant un baiser sur son front. Il décide alors de la suivre. Alors que Gennaro pense être attiré par Lucrèce, cette dernière l'enjoint à parler de sa mère. Ignorant tout de son véritable lien avec Lucrèce, Gennaro explique comment il a été élevé et comment s'est établie ensuite une correspondance avec sa mère qui lui dit dans ses lettres être malheureuse et l'aimer malgré l'abandon. Leur conversation est interrompue par les collègues du soldat, qui reconnaissent Lucrèce et indiquent à Gennaro la longue liste de ses crimes. Ce dernier repousse alors sa mère qui s'évanouit.

À Ferrare, ne sachant pas que Gennaro est présent et a outragé son nom, Lucrèce exige auprès de son mari qu'il subisse une funeste sentence pour cet acte. Quand elle comprend qui elle a fait condamner, il est trop tard pour éviter la sanction. Lucrèce parvient néanmoins à éviter la mort à son fils une première fois, puis s'ingénie à faire empoisonner ses cinq compagnons. Gennaro a cependant, dans l'intervalle, consenti à dîner avec eux et est donc lui aussi fatalement atteint. Lucrèce s'en rend compte et le supplie de boire – à nouveau – un contrepoison. Mais Gennaro ne veut pas être sauvé sans que ses amis le soient aussi et refuse, préférant les venger en tuant Lucrèce. L'empoisonneuse, en désespoir de cause, tente de convaincre Gennaro de l'épargner en lui expliquant qu'ils sont du même sang puisqu'il est le fils de Jean Borgia. Cependant, déjà ulcéré par la découverte d'être issu d'une famille qu'il hait, le jeune soldat cède à son envie meurtrière lorsqu'il entend son ami Maffio le supplier de le venger. Il poignarde Lucrèce qui, dans ses derniers instants, avoue être sa mère.

MANIGANCES ET COMPLOTS

Au début du récit, alors que le carnaval de Venise bat son plein, Gennaro et ses amis discutent sur une terrasse de l'assassinat de Jean Borgia, dont le cadavre fut jeté dans le Tibre par son frère César. D'après eux, ce meurtre avait comme motif qu'ils étaient tous deux amoureux de leur propre sœur – Lucrèce. Serait par ailleurs mêlé à cette histoire un enfant, bien caché par sa mère sans quoi César l'aurait probablement fait assassiner au même titre que d'autres parents. Lucrèce, cachée plus loin, est rejointe par l'un de ces hommes qui est en réalité son homme de main. Elle déclare à ce dernier vouloir être une meilleure personne et épargner ceux qui encourent une sanction mortelle de sa part, puis va aux côtés de Gennaro endormi. Lucrèce est néanmoins observée discrètement par deux hommes masqués : Rustighello, messager du mari de Lucrèce, a priori accompagné de ce dernier. Rustighello croit savoir que Gennaro et ses compagnons vont bientôt se rendre à Ferrare, ce qui semble convenir à son comparse.

Effectivement, quelque temps plus tard, les jeunes gens sont à Ferrare en vue de dîner chez la princesse Negroni. Inquiets d'être ciblés par les Borgia après l'affront fait à Lucrèce à Venise, ils en viennent néanmoins à passer devant leur demeure. Gennaro apprend alors que l'écharpe qu'il arbore, qu'il croyait offerte par la demoiselle qu'il aime, vient en réalité de Lucrèce. Furieux, après une tirade haineuse, il fait sauter la première lettre du nom des Borgia gravé sur le mur, montrant ainsi un calembour fâcheux. Le soir, les messagers respectifs du duc et de la duchesse, Rustighello et Astolfo, jouent à pile ou face celui qui amènera Gennaro à son maître – et décidera donc indirectement de son sort. Le lendemain, c'est une Lucrèce furieuse de voir son nom terni par l'affichage public du mot « orgia » qui demande à ce que le coupable soit condamné à mort. Le duc de Ferrare, qui a auparavant fait arrêter Gennaro par Rustighello, fait alors paraitre son prisonnier. Lucrèce, horrifiée, tente de rattraper son erreur, mais son mari reste inflexible et elle n'a d'autre choix que la méthode : celle du poison. Gennaro est alors amené auprès d'eux, sans savoir ce qui l'attend.

DEUX EMPOISONNEMENTS

Après avoir fait apprêter un flacon d'or empoisonné et un flacon d'argent sain, Alphonse d'Este accueille Gennaro et lui fait croire que Lucrèce a décidé de lui pardonner son acte, s'agissant d'une erreur de jeunesse. Le jeune soldat lui apprend qui plus est qu'il a un jour sauvé son père, Hercule d'Este, sur le champ de bataille. Feignant de la reconnaissance, le duc lui offre une bourse de sequins d'or, que Gennaro redistribue aussitôt aux gardes. Alphonse en profite pour indiquer à sa femme que le moment venu, elle devra verser le contenu du flacon d'or dans la coupe de son fils. Quand Gennaro revient, Alphonse se sert dans le flacon d'argent et force Lucrèce à verser le vin empoisonné dans l'autre coupe. Une fois le vin bu, il prend congé et fait à Lucrèce la faveur de la laisser seule avec son fils pour son dernier quart d'heure. Il ignore qu'elle garde sur elle un contrepoison. Dès que son mari est sorti, Lucrèce informe Gennaro de la situation et insiste tant qu'elle parvient à lui faire boire l'antidote. Elle le supplie ensuite de quitter Ferrare sur-le-champ.

Alphonse a rapidement vent du problème et tend une embuscade à Gennaro avec son messager afin de le tuer. Le capitaine est néanmoins rejoint par son ami Maffio, qui le convainc de venir dîner avec lui chez la princesse Negroni et de ne quitter Ferrare que le lendemain matin. Ils y retrouvent l'homme de main de Lucrèce, qu'ils prennent pour un comte espagnol depuis qu'ils l'ont rencontré à Venise. Tandis qu'ils discutent et chantent en buvant du vin de Syracuse, ils remarquent progressivement que l'homme de main ne boit que de l'eau. Entre alors Lucrèce, avec une procession de moines, qui ne voit pas Gennaro et annonce aux cinq autres qu'elle vient de les empoisonner avec le vin et qu'ils vont rejoindre leurs parents déjà assassinés. Tandis que les moines emmènent les cinq soldats, Lucrèce découvre horrifiée que Gennaro est avec eux et lui rappelle qu'il a le contrepoison avec lui. Gennaro refuse cependant de le boire, préférant utiliser le temps qu'il lui reste pour venger son ami et frère d'armes Maffio. Lucrèce tente de l'en dissuader, invoquant de façon voilée leur parentage puis prétendant qu'il faut lui laisser le temps de se repentir de ses crimes. Mais au même moment, la voix d'un Maffio mourant se fait entendre, demandant à son ami de le venger. Il n'en faut pas plus à Gennaro pour porter le coup mortel à Lucrèce.

ÉTUDE DES PERSONNAGES

LUCRÈCE BORGIA

Lucrèce Borgia, dite Doña Lucrezia – référence aux origines espagnoles des Borgia –, est gouvernante de Spolète et duchesse de Ferrare. Elle est la fille du pape Alexandre VI, de son vrai nom Rodrigo de Borja, et de Rosa Vanozza, courtisane espagnole. Tous deux ont une réputation scandaleuse : le premier aurait de nombreuses maîtresses et abuserait de son pouvoir, et la seconde passe pour une fille de joie. Son frère César a fait assassiner son autre frère Jean par pure jalousie, après que ce dernier a eu un fils avec sa propre sœur. Le mariage de Lucrèce avec Alphonse d'Este est le quatrième d'une série d'unions malheureuses : son premier mari est mort empoisonné, le deuxième a été chassé et le troisième poignardé. L'entourage de Lucrèce est donc composé de relations problématiques et la réputation des Borgia est largement dégradée. Lucrèce elle-même est accusée d'avoir eu des liaisons tant avec ses frères qu'avec son père, au point que l'un des amis de Gennaro affirme qu'elle en aurait eu avec ses enfants si elle avait pu.

Décrite comme étant d'une grande beauté, Lucrèce est également une femme intelligente mais dont le raisonnement est inévitablement altéré par son amour pour Gennaro. Elle est sujette à de nombreux tourments car elle est déchirée entre sa position et ce fils qu'elle voudrait voir l'aimer. Cela la conduit aussi à se contredire d'une scène à une autre : tantôt elle exige la pire des sentences, tantôt elle clame que la faute commise est légère parce qu'elle a appris dans l'intervalle que Gennaro est impliqué. Lucrèce voudrait expier ses fautes, mais reconnait volontiers avoir fait assassiner nombre de personnes. L'arme privilégiée des Borgia, le poison, est fréquemment utilisée mais pas dans tous les cas. En ce sens, Lucrèce, bien qu'elle semble sincèrement aimer Gennaro, voit aussi en lui un moyen de se repentir. Dans ses derniers moments, elle le supplie en effet de lui laisser la vie sauve, pas seulement pour la connaître, mais aussi pour lui laisser le temps de réparer ses erreurs.

Le personnage de Lucrèce Borgia cristallise l'essence de ce qui sera pour plusieurs siècles la réputation de cette femme. À la fois noble et scandaleuse par sa lignée et ses mariages, Lucrèce n'hésite pas à tuer ses ennemis, souvent à l'aide d'un poison notoirement connu pour être l'arme de prédilection des Borgia. Elle reconnait à la fin de la pièce que son frère Jean est le père de Gennaro et accrédite ainsi les rumeurs sur sa famille au moins en partie. Elle passe y compris auprès de son mari pour une femme infidèle, ce qui est le point de départ des événements conduisant aux meurtres de Gennaro et Lucrèce. Bien qu'il y eût déjà des rumeurs de mise sur Lucrèce et sa famille depuis le XVIe siècle, le personnage développé par Victor Hugo dans sa pièce va largement contribuer à asseoir la réputation d'une Lucrèce empoisonneuse, meurtrière de façon géné-rale, et incestueuse.

GENNARO

Gennaro est le fils incestueux de Jean et Lucrèce Borgia. Âgé de 20 ans, il est engagé au service de la république de Venise pour encore cinq ans et a déjà acquis le grade de capitaine. Ce statut ne semble pas usurpé au vu de ses exploits sur le champ de bataille : il a en effet déjà plusieurs fois sauvé d'autres combattants, dont son ami Maffio et le père d'Alphonse d'Este. Sa bravoure est incontestée, tout comme son honnêteté et son sens du devoir envers les autres. Il le démontre à plusieurs reprises, notamment en distribuant la récompense du duc à de simples soldats et en n'acceptant d'être sauvé du poison que si ses amis le sont également. Il est impliqué dans une relation romantique avec une jeune fille nommée Fiametta, ce qui ne l'empêche pas d'immédiatement tomber sous le charme de Lucrèce – avant, bien sûr, d'apprendre qui elle est.

La personnalité de Gennaro est marquée par un grand sens de la famille. Lui qui se croyait fils d'un pêcheur de Calabre découvre à 16 ans avoir été adopté avant de, quelque temps plus tard, commencer à recevoir des lettres anonymes de Lucrèce. Il apprend ainsi être d'un haut lignage. C'est parce qu'il a appris avoir une valeur par son nom qu'il a désiré prouver sa valeur par l'épée. Dans ses lettres, qu'elle lui fait parvenir au début de chaque mois, Lucrèce écrit à son fils comme elle l'aime et combien elle est malheureuse. Ayant toujours été orphelin de mère, Gennaro est aux prises avec une version extrêmement idéalisée de celle qui lui a donné la vie, vision exacerbée par le contenu des lettres, et ne désire que faire son bonheur. Il garde toutes ses lettres sur son cœur, comme une cuirasse capable de repousser les coups d'épée. Il a aussi comme frère de cœur Maffio, les deux se considérant comme tels depuis qu'ils se sont mutuellement sauvé la vie sur le champ de bataille.

L'existence tout entière de Gennaro est marquée par la fatalité. Fils maudit d'une famille qui l'est tout autant, on a caché son existence car trop scandaleuse – la pièce le fait fils d'un frère et d'une sœur, dont la relation fait l'objet de rumeurs funestes. La réputation des Borgia est parvenue jusqu'à lui, d'autant plus que Lucrèce a déjà fait assassiner des proches de ses frères d'armes. Gennaro hait donc férocement ce nom dont il ignore être un descendant, et a déjà refusé un poste au service de la famille. Plusieurs fois au cours du récit, il est fait allusion au fait qu'on leur a prédit, à Maffio et lui, qu'ils mourraient le même matin. Cette prédiction se vérifie lorsqu'ils sont tous deux empoisonnés à une heure avancée de la nuit, mourant en même temps de la main de la propre mère de Gennaro.

DON ALPHONSE D'ESTE

Alphonse d'Este, duc de Ferrare, est le mari de Lucrèce. Tout au long de la pièce, il est montré comme un homme inflexible, qui ne tolère pas d'écart de la part de Lucrèce. Avant même le début du récit, il l'avait déjà fait surveiller et avait eu vent de possibles infidélités. C'est pour cette raison qu'il la suit à Venise avec Rustighello, son messager. Croyant que Gennaro est l'amant de sa femme, car il se méprend sur la tendresse de Lucrèce à l'égard du jeune homme, il fomente le projet de le sanctionner, projet rendu possible par sa venue prochaine à Ferrare. Très au fait de la sinistre réputation de la famille de Lucrèce, il y oppose son honneur et sa lignée, et ne supporte pas que Lucrèce puisse salir tout cela par l'adultère et la honte. C'est pour cette raison, plus que de par le fait d'avoir été potentiellement trompé, qu'il prend au mot Lucrèce qui avait exigé la mort de celui ayant dégradé son nom sur leur demeure.

Malgré des projets macabres envers Gennaro bien préparés, les plans d'Alphonse d'Este finissent toujours par être modifiés ou contrariés. Lorsqu'il force Lucrèce à empoisonner son fils, allant jusqu'à veiller à ce qu'elle lui donne bien le contenu du flacon d'or, il fait face aux obstacles du contrepoison. Plus tard, alors qu'Alphonse s'est caché pour attendre Gennaro et le tuer avec un couteau, ce dernier est rejoint par son ami et convaincu de différer son départ, rendant la nouvelle tentative d'assassinat caduque. En réalité, si le duc parvient à ses fins, ce n'est pas de ses mains et c'est surtout dû à de malheureux caprices du destin. Il ne s'en formalise cependant pas. Même s'il estime qu'il doit régler ses affaires lui-même, il est également conscient du fait qu'il lui est bien plus aisé de ne pas se compromettre. D'un côté il est l'instigateur de l'arrestation de Gennaro et provoque indirectement ses empoisonnements par un enchaînement de circonstances, de l'autre il voit les événements prendre une tournure favorable sans qu'il ait à s'en mêler et s'en réjouit ouvertement.

CLÉS DE LECTURE

La famille Borgia est historiquement une famille de sinistre réputation, qui commence avec Rodrigo Borgia, futur pape Alexandre VI. Ce dernier n'a que 14 ans quand son oncle, le pape Calixte III (1378-1458), le nomme à une première fonction ecclésiastique. Il ne cessera ensuite de graver les échelons, jusqu'à la fonction papale en 1492. Il ne respecte néanmoins pas le célibat sacerdotal et aura plusieurs liaisons avérées ainsi que des conduites hautement immorales – il est par exemple question d'organisation d'orgies et de meurtres. Alors qu'il est prêtre, en 1870, il rencontre l'italienne Vannozza Cattanei (1442-1518), avec qui il entretient une liaison longue de quinze ans et qui lui donne quatre enfants reconnus : Jean, César, Lucrèce et Geoffroi. En vertu de son statut ecclésiastique, Alexandre VI ne peut faire plus mais veillera personnellement à marier sa propre maîtresse. Il aurait également eu, d'autres liaisons, des enfants non légitimes. Cette vie dissolue s'accompagne d'accusations de népotisme dont il aura été à la fois le sujet et l'objet, et de manigances concernant son statut papal : il a ainsi été accusé d'avoir acheté des voix lors de son élection. La papauté lui donne une dimension politique qui lui permet d'étendre ses pouvoirs et ses revenus de manière considérable.

Ses deux premiers fils, Jean (1474-1497) et César (1475-1507), bénéficient d'une ascension socio-politico-religieuse rapide, grâce à l'aide apportée par leur père.

Bien que nanti et ayant une vie personnelle et guerrière bien remplie, César jalouse néanmoins son frère aîné, que leur père nomme à de plus hautes fonctions. Lorsqu'en 1497, le corps de Jean est retrouvé assassiné dans le Tibre, César est logiquement soupçonné, à la fois pour des motifs politiques et personnels. L'enquête n'a pourtant jamais éclairci les circonstances du crime ou l'identité du coupable, mais l'idée du fratricide est restée tenace au cours des siècles. Alors que Jean se démarque surtout par son ambition, César a de nombreux enfants illégitimes et construit une carrière militaire et politique florissante. Avec le décès de son père en 1503, il perd très vite son principal appui et sa position et mourra au combat en 1507, après avoir connu la prison et la perte de ses terres.

Lucrèce, née en 1480, est aimée de son père et ses frères mais est également, par sa nature féminine, sujette à leurs ambitions politiques. Elle bénéficie par conséquent d'une solide éducation et il est question d'alliances dès le début de son adolescence. C'est ainsi qu'elle épouse à 13 ans Giovanni Sforza, un allié de son père. L'union finit par être annulée en raison d'un désintérêt des Borgia pour Sforza, en prétextant une non-consommation. Pour se venger, le désormais ex-mari commence à répandre des rumeurs d'inceste entre Lucrèce, son père et ses frères. Lucrèce a par ailleurs vraisemblablement eu l'infant de Rome, enfant illégitime, pendant les négociations de l'annulation. L'enfant a été déclaré fils de Jean puis d'Alexandre VI – seule manière d'en faire un Borgia légitime –, alimentant les rumeurs. Lucrèce connut ensuite un second et bref mariage avec Alphonse d'Aragon (1481-1500), assassiné sur ordre de César et qui lui donne un fils. Son troisième mariage, avec Alphonse d'Este – que Victor Hugo cite pourtant comme le quatrième –, est plus tranquille et lui donne de nombreux enfants. Lucrèce meurt en 1519 des suites d'une septicémie consécutive à la mise au monde de sa dernière fille.

Même si on tend aujourd'hui à faire de Lucrèce une victime de la réputation et de l'ambition de sa famille, elle souffre depuis cinq siècles d'une réputation qui mêle manigances, assassinats et incestes. Elle est pourtant, après son dernier mariage, protectrice des arts et une jeune femme appréciée de son peuple. Contrairement aux hommes de la famille, elle a un rôle politique limité, la mort de son père privant les enfants Borgia d'ambitions politiques. Lucrèce apparait donc a posteriori comme une femme loin des crimes dont on lui impute la responsabilité. La rumeur se fait toutefois tenace dès son vivant et débute ainsi la légende des Borgia. S'il y a un fond de vérité par l'arme du poison et la naissance de l'infant de Rome, le personnage de Lucrèce construit au fil des siècles extrapole tout cela pour faire d'elle une femme triplement incestueuse, assassine, empoisonneuse et cruelle. Comme la pièce de Victor Hugo a connu un grand succès, elle a largement contribué à distiller cette image et à donner une image quasi légendaire de Lucrèce. Cette dernière a ensuite fasciné nombre d'artistes et fut la source d'inspiration de très nombreuses œuvres en littérature, en peinture, en musique, en bande dessinée, au cinéma, à la télévision, et même dans le jeu vidéo.

LE DRAME ROMANTIQUE

Jusqu'au XIXe siècle en France dominait le drame classique avec des auteurs reconnus tels que Jean Racine (1639-1699) ou Corneille (1606-1684). Outre des thèmes tragiques et une fatalité marquée, on y retrouvait des critères stricts sur la forme : une unité de temps, de lieu et d'action ; des règles de bienséance ; de vraisemblance... Ces règles sont bousculées d'abord à l'initiative des allemands, puis d'auteurs français comme Victor Hugo lui-même qui commence à théoriser le drame romantique dans la préface de *Cromwell*, pièce de théâtre de 1827. Inspiré par le drame bourgeois, un genre qui oscille entre le comique et la tragédie, Hugo pose les bases de plusieurs de ses futures pièces : l'utilisation de l'Histoire récente pour éclairer le présent, le mélange des genres, le mélange du grotesque et du tragique. La pièce est ainsi centrée sur Cromwell (homme politique anglais, 1599-1658) durant le XVIIe siècle. Après cette première incursion dans le drame romantique, l'auteur persiste avec d'autres pièces dont l'une, *Hernani* (1830), est restée célèbre dans l'histoire littéraire pour avoir provoqué la « bataille d'Hernani », une querelle féroce entre défenseurs du classiques et promoteurs du romantisme.

Lucrèce Borgia a ceci de particulier que pour l'auteur lui-même, elle est étroitement jumelée avec sa production précédente, *Le roi s'amuse*. Cette dernière, présentée comme une tragédie grotesque, unit dans son héros Triboulet, le bouffon du roi François Ier (1494-1547), des traits grotesques et sublimes, ridicules et héroïques. La pièce fut cependant très mal accueillie et même interdite en raison de sa critique indirecte de la monarchie. Cela n'empêche pas Victor Hugo de récidiver dans l'idée de représenter dans un lieu de spectacle une pièce à contre-sens de ce que les spectateurs attendent, et ainsi naît en 1833 *Lucrèce Borgia* – avec plus de succès – puis *Ruy Blas* cinq ans plus tard. Si Hugo est l'un des précurseurs de cette forme théâtrale, il est rejoint plus tard par d'autres noms illustres de la littérature du XIXᵉ siècle, comme Alfred de Musset (1810-1857). Le drame romantique en lui-même ne dura cependant qu'une courte période, peu aidé par l'échec retentissant des *Burgraves* de Victor Hugo en 1843. Il a toutefois eu le temps de démontrer qu'il existait une voie alternative au drame classique et inspira plusieurs artistes au cours des décennies suivantes.

Le drame romantique rompt avec son prédécesseur sur plusieurs points. Il n'est d'abord plus question d'une triple unité. Si l'action est conservée, ce n'est plus le cas de l'unité de temps – *Lucrèce Borgia* se déroule par exemple sur plusieurs jours – et de lieu – Venise et Ferrare, en l'oc-currence. La règle de la bienséance ne tient plus non plus. Cette dernière consiste à ne pas choquer les spectateurs en respectant des conventions esthétiques et orales, par exemple en ne montrant pas de crime de sang sur scène. Ici, non seulement il est régulièrement fait mention de crimes odieux, mais la pièce se termine aussi sur l'assas-sinat sanglant de Lucrèce, qui plus est par son propre fils. De plus, l'action de la pièce tourne autour d'un lien inces-tueux, crime répréhensible moralement et légalement. Les personnages se laissent guider par leurs passions et leurs émotions, et sont issus d'une époque récente alors que le classique préférait l'Antiquité et la mythologie :

Lucrèce Borgia et Alphonse d'Este furent mariés de 1503 à 1519, et il est bien question historiquement d'un « infant de Rome ». À côté de ces personnages illustres figurent une variété de personnages populaires, soldats, messagers et hommes de main. Ici, les nobles ont même des failles conséquentes, et les soldats s'avèrent être les plus braves de tous.

Lucrèce Borgia est ainsi présentée comme une tragédie où le grotesque parait peu mais est bien présent. En témoignent par exemple les chants d'ivresse de Gennaro et de ses compagnons d'armes dans le troisième acte. Mais la véritable idée qui sous-tend la pièce est celle d'opposer dans le même personnage, celui de Lucrèce, une immoralité consommée et l'amour maternel pur. Lucrèce est un monstre, par ses crimes et sa relation avec son frère, mais c'est aussi une mère aimante qui va tout faire pour épargner son fils. Cette dualité lui donne une complexité toute nouvelle, puisqu'elle entraîne les comportements contradictoires de la duchesse dès qu'un rebondissement lié à Gennaro survient. En faisant de Lucrèce le personnage central de la pièce éponyme, Victor Hugo s'est donné les moyens de condenser plusieurs éléments prépondérants du drame romantique : un personnage historique récent, ayant cédé à l'immoralité mais voulant se repentir, cède à l'amour maternel qui prend le pas sur sa raison entre deux lieux et deux temporalités. Si la pièce n'est pas le premier essai de l'auteur dans cette forme littéraire, elle met en scène un mélange entre tragédie et comique, avec une protagoniste moins manichéenne que ce que la réputation des Borgia laisse supposer. Lucrèce en vient même à susciter de la pitié et de la sympathie, malgré tous ses crimes passés, car l'amour d'une mère vient supplanter le crime incestueux qu'elle a commis.

HÉRÉDITÉ ET FATALITÉ

Dans les tragédies de façon générale, le héros est confronté à la question de la fatalité : il ne peut échapper à son destin. Il s'agit cependant, suivant ses origines antiques, d'une malédiction divine, puisque la fatalité est l'expression de la volonté des dieux selon des notions de morale, d'équité et d'inéluctabilité du destin – *fatum* en latin. Les personnages sont guidés d'abord par les dieux eux-mêmes, puis par des présages ou des oracles qui sont le reflet de leur volonté. Le genre tragique repose notamment sur cette omniprésence de la fatalité et du destin et le drame romantique, en tant que mélange du tragique et du comique, ne peut passer à côté de cette idée. C'est donc dans l'origine de la fatalité que les choses évoluent réellement : il n'est ici plus question d'une intervention divine. C'est l'histoire, l'hérédité, les passions et les actions passées qui mènent inexorablement les héros à leur perte.

Lucrèce est dès l'origine marquée par la fatalité. Elle n'est pas encore adolescente que la mauvaise réputation de son père court déjà. Dès la fin de son premier mariage, alors qu'elle n'est encore qu'adolescente, des rumeurs la font amante de son père et ses frères. Le malheur la frappe dans la mort de deux de ses maris, assassinés. Mais dans la pièce, Lucrèce n'est pas seulement une victime des manigances de ses proches : elle a elle-même tué ou fait tuer de nombreuses personnes et eut bel et bien une liaison avec son frère Jean, dont est issu leur fils Gennaro.

C'est lorsqu'elle contemple ce dernier endormi à Venise que Lucrèce se prend à rêver d'une issue heureuse et à vouloir élever sa morale en graciant les hommes qu'elle allait faire exécuter. C'est oublier qu'elle est doublement marquée par son hérédité et la fatalité. Lucrèce est une Borgia, dont elle a hérité du penchant pour le luxe, le meurtre et la luxure incestueuse. Elle a déjà commis tant de crimes et veut tellement se rapprocher de Gennaro que son repentir est impossible. Les amis de Gennaro, et Gennaro lui-même, la conspuent sitôt qu'ils réalisent qui elle est. Et quand Lucrèce veut se venger de l'affront, elle tue involontairement de ses mains ce fils qu'elle voulait sauver.

L'héroïne n'est pas la seule à subir cette double loi : son fils subit également le poids de son héritage et de son destin. Gennaro est brave, honnête, courageux et loyal, mais c'est cette loyauté fraternelle qui lui vaudra de devenir un meurtrier, celui de sa propre mère. Il est né d'un inceste, ce qu'il ignore jusqu'à la dernière ligne de la pièce, mais apprend juste avant qu'il est de la lignée des Borgia. Cette seule pensée le remplit d'horreur parce que ce nom concentre tout ce qu'il y a de plus vil et immoral, et que sa personnalité va à l'encontre de tout cela.

Même si hasard et fatalité sont deux notions distinctes, *Lucrèce Borgia* associe parfois les deux de manière très étroite, comme si l'un était le moteur de l'autre. Plusieurs fois, le hasard semble se mêler à l'avancée de l'histoire. C'est une coïncidence si Gennaro doit justement venir à Ferrare quand Alphonse d'Este veut qu'il y aille, et un autre hasard qui veut qu'il aille dîner avec ses camarades au lieu de fuir comme Lucrèce le lui avait demandé. Une scène qui caractérise particulièrement ce flou est celle où Astolfo et Rustighello jouent à pile ou face celui qui ira voir Gennaro. Le premier doit le mener à Lucrèce pour le mieux, l'autre à Alphonse d'Este pour le faire exécuter. C'est donc un simple jeu de pièce qui décide ici de la vie ou de la mort d'un individu. Il s'agit au mieux d'un hasard malheureux, au pire d'une fatalité au sens premier du terme. Dans *Lucrèce Borgia*, c'est l'enchaînement des événements et des circonstances qui balise petit à petit le chemin de la protagoniste vers son inéluctable destinée : elle qui aura tant fauté va mourir des mains de celui qui fut son plus grand crime.

PISTES DE RÉFLEXION

QUELQUES QUESTIONS
POUR APPROFONDIR SA RÉFLEXION...

- Victor Hugo puise son inspiration dans l'histoire de la famille Borgia et ses générations les plus scandaleuses. Quels noms et quels événements repris dans la pièce permettent de soutenir cette idée ?
- Qu'est-ce qui fait de *Lucrèce Borgia* le moteur de la légende entourant la jeune femme ?
- En quoi peut-on affirmer que la pièce ne relève pas totalement de la tragédie ?
- En découvrant que Gennaro est l'homme emprisonné par son mari, Lucrèce s'exclame « C'est Gennaro ! – Quelle fatalité, mon Dieu ! » (p. 65). Comment cette citation condense-t-elle une idée particulièrement importante pour le déroulé d'une tragédie ?
- Expliquez de quelle manière le drame romantique se distingue de ses prédécesseurs en illustrant votre réponse à l'aide d'exemples issus de la pièce.
- Montrez comment le personnage de Lucrèce est susceptible de susciter à la fois de la haine et de la sympathie. Comment cette dualité distingue-t-elle Lucrèce des héros de drames antérieurs ?
- Le poison des Borgia, arme célèbre historiquement, est utilisée plusieurs fois mais n'est pas la seule arme létale employée puisque Lucrèce meurt poignardée. Que peut-on dire de la mise en scène de ces morts vis-à-vis de la règle de bienséance applicable au théâtre jusqu'alors ?

- Lucrèce et Gennaro auraient-ils pu être sauvés ?
  Pourquoi est-ce ou non le cas ?
- Le mythe qui entoure Lucrèce Borgia subsiste et fascine
  encore aujourd'hui. À votre avis, qu'est-ce qui justifie la
  persistance de cette fascination sur plusieurs siècles ?

POUR ALLER PLUS LOIN

ÉDITION DE RÉFÉRENCE

- Hugo V., *Lucrèce Borgia*, Paris, Éditions Magnard, coll. « Classiques et patrimoine », 2016

SOURCES COMPLÉMENTAIRES

- Hugo V., *Cromwell* (1827). La préface de cette œuvre est un manifeste de la pensée du drame romantique chez l'auteur qui se retrouve ensuite dans *Lucrèce Borgia*.
- Hugo V., *Le roi s'amuse* (1832). L'œuvre jumelle de *Lucrèce Borgia* remplace la difformité morale par la difformité physique, et l'amour maternel par l'amour paternel, mais cela n'empêche pas les destinées de Triboulet et Lucrèce de partager des traits communs.

ADAPTATIONS

- *Lucrezia Borgia* (1833), opéra de Gaetano Donizetti (compositeur italien, 1797-1848) sur un livret de Felice Romani (librettiste italien, 1788-1865). Créé rapidement, l'opéra est si proche de la pièce d'origine que Victor Hugo le fait interdire pour contrefaçon. Un nouveau livret, sous un autre nom et avec des personnages turcs, permit sa survie. L'opéra révélera notamment la cantatrice espagnole Montserrat Caballe (1933-2018) dans le rôle de Lucrezia en 1965.
- *Lucrèce Borgia* fut mis en scène au théâtre une multitude de fois depuis 1833 jusqu'à nos jours. On citera entre

autres la mise en scène par Denis Podalydès (acteur et metteur en scène français, né en 1963) à la Comédie-Française, qui présente la particularité de faire jouer Lucrèce par un homme et Gennaro par une femme.

SUR LEPETITLITTÉRAIRE.FR

- Analyse de la préface de : Victor Hugo, *Cromwell*, Paris, Flammarion, 1997. https://www.lepetitlitte-raire.fr/analyses-litteraires/victor-hugo/cromwell/commentaire-la-preface-de-cromwell
- Analyse de la pièce de : Victor Hugo, *Hernani*, Paris, Le livre de Poche, 1987. https://www.lepetitlitte-raire.fr/analyses-litteraires/victor-hugo/hernani/analyse-du-livre
- Analyse du livre : Victor Hugo, *Le dernier jour d'un condamné*, Paris, Folio, 2017. https://www.lepe-titlitteraire.fr/analyses-litteraires/victor-hugo/le-dernier-jour-d-un-condamne/analyse-du-livre
- Analyse de la pièce de : Victor Hugo, *Ruy Blas*, Paris, Gallimard,2020.https://blog.lepetitlitteraire.fr/analyses-litteraires/victor-hugo/ruy-blas/analyse-du-livre
- Analyse du livre de : Victor Hugo, *Claude Gueux*, Paris, Le livre de Poche, 1995. https://www.lepetitlitteraire.fr/analyses-litteraires/victor-hugo/claude-gueux/analyse-du-livre

lePetitLittéraire.fr

- des analyses de livres
- des fiches de lectures
- des commentaires littéraires
- des questionnaires de lecture
- des résumés

Retrouvez notre offre complète sur lePetitLittéraire.fr

www.lepetitlitteraire.fr

ISBN version numérique : 9782808696845
ISBN version papier : 9782808696982
Dépôt légal : D/2023/12603/1959

Conception numérique : Primento,
le partenaire numérique des éditeurs.